LE CONGRÈS

Ce qui doit le faire accepter

Ce qu'on doit y traiter et moyens d'y parvenir

LE CONGRÈS

Ce qui doit le faire accepter

ce qu'on doit y traiter

et moyens d'y parvenir

PAR

H. DRION

PARIS

E. DENTU, LIBRAIRE-ÉDITEUR

17 ET 19, GALERIE D'ORLÉANS (PALAIS-ROYAL)

—

1864

LE CONGRÈS

CE QUI DOIT LE FAIRE ACCEPTER

CE QU'ON DOIT Y TRAITER ET MOYENS D'Y PARVENIR

I

Celui qui vient écrire ici pour un objet aussi important et si solennel, n'a pas étudié la politique; il avoue n'en posséder aucune notion. C'est à peine s'il connaît ce qui est nécessaire pour communiquer, plus ou moins bien, les jugements de l'intelligence dont la nature lui a départi l'usage.

Ce ne sont donc point des idées cueillies dans des champs qu'il ne connaît pas, qu'il vient ici exprimer. C'est dans le simple aperçu des choses dont chacun peut faire sa propriété et son usage, qu'il ira les chercher, heureux qu'il sera, s'il en rencontre d'assez justes, pour justifier l'acte qui est venu aujourd'hui préoccuper les esprits, et en faveur tout à la fois de toutes ses conséquences.

Mais l'homme ne fut pas toujours ce qu'il est aujourd'hui. C'est en l'absence de tout ce qu'il possède en ce moment, qu'il dut d'abord se frayer sa route. Et c'est parce que celui qui écrit ceci a cru qu'on pouvait y trouver peut-être encore quelque guide, qu'il a cherché des raisonnements, pour la solution de la question qui occupe, dans ceux qu'on devait se faire dans ces temps tout primitifs, et exempts de tout ce que le temps ou les circonstances pourraient y ajouter de nouveau.

Voyons donc ce que nous pourrons trouver dans cette recherche et dans cet ordre d'idées.

II

Dans tous les temps un homme dut être choisi parmi les autres hommes pour gouverner la communauté, qu'il s'appelât Empereur, Roi, ou Chef de Tribu. Mais, dans le principe, supposant que le Créateur aurait mal fait son œuvre s'il n'avait fait la terre suffisante pour la créature qu'il y plaçait, chacun ayant sa part de place au soleil, qui pourrait croire que l'homme alors ne vivait, ne marchait vers sa destinée, qu'au prix de toute sorte de luttes, de toute espèce de déchirements ? Et sans remonter dans la plus haute antiquité, que pouvait être encore alors ce peuple inconnu jusque-là, qui témoignait de sa connaissance de la nature et de son culte pour ses lois salutaires, en plaçant la Divinité dans l'astre qui donne la vie à tout ce qui nous entoure, dans le soleil ? Oh ! non, ce peuple, dont l'histoire était restée mystérieuse jusque-là, et jusqu'à ce qu'il dût être si cruellement, si barbarement troublé par l'invasion des soldats de Fernand Cortez et de Pizarre, ce peuple, qui adorait ce qui donne la vie, ne pouvait, ce nous semble, cultiver à côté tout ce qui n'a réellement pour cortége que la mort.

Mais il est donc vrai que depuis que se révéla chez l'homme ce mauvais côté de sa nature personnifié par Moïse dans Caïn, l'histoire rapporte tous ses effets produits, même depuis les temps les plus reculés.

Cependant les suites ne sont-elles pas également vraies ? Et y eut-il jamais, par exemple, une lutte, toujours sanglante, de roi à roi, ou de peuple à peuple, qui n'ait eu fatalement son châtiment ?

Il y a bien eu des guerres ayant été suivies de conquêtes qui paraissent plus ou moins bien affermies ; mais les mêmes procédés restant en usage, qui sait ce que leur réserve l'avenir ? Et, pour limiter les citations, que sont devenues celles d'Alexandre, ou mieux encore, celles des Romains, qui durent se croire un instant, et à tout jamais, les maîtres du monde ?

C'est qu'en effet, pour régir l'universalité des choses, il y a d'autres lois que celles de la force. La vie, en général, comporte le mouvement, et quelle est la force qui pourrait toujours comprimer l'expansion de la vie ?

Voyez cette faible plante, que la moindre brise, tant elle est fragile, vient agiter : quelle barrière, sans proportion avec sa fragilité, n'a-t-elle pas dû franchir pour arriver où l'appelait l'expansion de sa vie ?

Tout ce qui gêne l'expansion de la vie ou s'y oppose est donc destiné à ne pas exister ou à être renversé.

Et s'il en est ainsi, d'une manière irréfragable, suivant la loi naturelle et universelle, tout ce qui en est la déviation, à quelque degré ou de quelque manière que ce soit, n'entraîne-t-il pas avec soi le même accident ?

C'est peut-être, ici, sous une forme nouvelle que la vérité se présente. Mais, pour être aperçue, faut-il qu'elle soit accompagnée d'un brillant cortége, ou revêtue d'une robe de pourpre ?

Et la vérité étant ainsi révélée, établie, aujourd'hui, où, sur un certain point, l'avenir semble chargé de menace, seraient-ce les peuples, plutôt que les chefs d'État, qui devraient sentir le besoin de prévenir un événement plus ou moins lointain, de chercher le salut, en se rapprochant des lois naturelles, d'une autorité si indéniable?

Mais le mauvais côté de sa nature n'entraîne-t-il pas aujourd'hui l'homme jusqu'à la folie?

Quoi! jamais l'industrie, les arts et la science, ne l'avaient placé aussi près du but élevé, où, d'après Newton, devaient le conduire sa destinée et son génie. Et c'est à ce moment, qu'au lieu de le conjurer, il semble dépenser, tour à tour, le plus pur de ses forces morales et physiques à déblayer l'abîme dans lequel il ne saurait éviter de tomber!

Et, en vérité, quel est celui d'entre tous qui doit se croire préservé de la chute?

Et si nul n'est sûr de l'avenir que lui présente l'état des choses, pour conjurer le mal présent et ouvrir la voie d'un plus sûr avenir, à qui mieux qu'à ceux que la destinée a mis à la tête des peuples, appartient-il de répondre à la grande initiative qu'a prise l'un d'eux?

Ils sont hommes comme les autres hommes, et il y a des obstacles sans doute; mais qu'ils envisagent l'avenir et descendent aussi au rôle de simples citoyens, et ils verront tous les obstacles se dissiper, tous leurs scrupules s'effacer.

III

La réunion du Congrès étant admise, s'accomplissant, sa mission devra être, nous l'avons dit, de traiter du moyen non-seulement d'arrêter le mal présent, mais d'ouvrir la voie d'un autre et plus sûr avenir. Et nous convenons qu'à ce sujet les obstacles ne manquent pas non plus, et qu'il peut être difficile de trouver une solution qu'on appelle pratique.

En effet, si l'homme était parfait, il n'aurait jamais connu le mal. Nous connaissons tous les fruits du développement du mauvais côté de sa nature. Il n'a point changé depuis la création. Il est le même qu'il était il y a deux et trois cents ans. Et s'il est nécessaire de tenir compte, en partie, de la situation acquise, il faut tenir compte aussi, sans doute, de la cause permanente qui a produit cette situation, c'est-à-dire du mauvais côté de la nature de l'homme existant toujours.

Mais, dans l'histoire elle-même, ne pourrait-on pas trouver l'indication de quelque salutaire inspiration?

Dans quel état se trouvait le monde lorsque apparut Jésus, l'homme véritablement Dieu? C'était la confusion jusqu'au délire. L'idée morale comme l'idée sociale, à proprement parler, n'existaient pas, ou étaient enveloppées dans de véritables ténèbres. Et, si la loi d'amour, de justice et de paix de Jésus n'a pas produit tous les fruits qu'on pouvait en attendre, puisque les hommes ont continué de se déchirer entre eux; et si elle a été même mal interprétée, puisque c'est au nom de cette loi de vie, que, soit par erreur, soit par calcul, s'est répandue la mort; si enfin ceux qui sont spécialement chargés de l'enseigner au monde en cachent encore tout l'éclat sous beaucoup trop de formules, le monde étant alors, pour ainsi dire, près de s'abîmer dans le chaos : qui pourrait méconnaître que cette loi divine ne soit venue, du moins, produire une salutaire déviation ?

Nous nous sommes jusqu'ici beaucoup occupé du mauvais côté de la nature de l'homme; mais il est accessible aussi aux émotions d'un autre genre. Et pourquoi, pour le but présent, et en cet instant menaçant peut-être de quelque autre désastre social, pourquoi n'évoquerait-on pas une de ces grandes idées qui remuent jusqu'aux plus grandes profondeurs ?

Depuis les temps où l'homme crut devoir faire d'un certain emploi de la force en quelque sorte un de ses principaux moyens de fortune, on s'est familiarisé avec la guerre; on a fait des vertus guerrières les plus grandes vertus; on a fait un héros, une espèce d'être divin, de celui qui moissonnait un plus grand nombre d'ennemis, c'est-à-dire un plus grand nombre de semblables. Mais, sans vouloir nous attaquer à l'homme, mais à l'auréole dont il est entouré, quel est celui aujourd'hui qui, se dégageant de l'éclat d'un si faux brillant, ne condamne pas, du plus profond de son âme, ces biens qui ne peuvent être acquis, ces questions qui ne peuvent être vidées, qu'au prix de villes détruites, de contrées dévastées et de mers de sang répandu.

Et réellement, n'est-il pas dans la destinée de l'homme de voir disparaître un jour l'emploi de pareils moyens?

Eh bien, pourquoi ne serait-il pas tenté d'avancer un tel jour, à cette époque de tant d'avancement?

On demande un programme à celui qui a pris la grande initiative!

Pourquoi ne répondrait-il pas?

«Après avoir réglé le présent, en nous inspirant autant que possible des principes de la loi naturelle, dont la violation ou l'oubli laisse la menace des plus grands et *inévitables* dangers, mon programme, c'est un dogme politique que je vous proposerai d'établir, formellement, et en même temps, dogme faisant suite au dogme religieux, ou plutôt le complétant, qui permette dorénavant à chaque nation de se mouvoir sans trouble, du moins extérieur, dans toute la plénitude de son indépendance et suivant la vie qui lui est propre. — Et nous conviendrons également des justes moyens d'assurer l'observation de ce dogme.»

Voilà donc le moyen que nous emploierions pour tourner l'obstacle né du mauvais côté de la nature de l'homme. Et ainsi, quelque inattendu que cela puisse paraître, règlement du présent par les moyens indiqués par la loi naturelle qui résume en elle la justice et la raison, et est la seule voie de salut, et paix perpétuelle entre les nations de l'Europe : tel est donc le résultat général de la solution que nous concevrions, nous, pour toute la question qui s'agite.

Nous avons beau nous forcer l'esprit ; et même en tenant compte de tout ce qui séduit l'homme icibas, nous ne voyons point, quant à nous, celui qui aurait à perdre à cette solution.

Et en vérité, depuis quand le naturel serait-il devenu impossible?

Et s'il ne serait pas impossible de parvenir à la réalisation de la première partie de cette solution en faisant appel à toutes les forces véritablement et réellement vives de l'homme, encore une fois, pourquoi le temps de la seconde ne serait-il pas venu ?

Pourquoi enfin serait-il impossible de trouver un moyen d'assurer la fidèle exécution de cette seconde partie de la solution ?

Mais cette idée elle-même ne viendrait-elle pas servir comme à souhait la pensée et les sentiments de celui qui a pris la grande initiative? Car, à une proposition de cette nature, par quel refus pourrait-on répondre ?

Et cette idée, renfermant un tel appel à la concorde, posée, nettement formulée, proclamée, ne trouverait-elle pas partout de nouveaux apôtres qui, la développant, prêchant la foi nouvelle et la faisant pénétrer partout, forceraient bien les aveugles à s'y soumettre.

N'est-il pas vrai aussi que souvent la vérité peut nous aveugler, tandis que nous nous en croyons fort éloignés ?

Mais, sans autre commentaire, c'est donc ainsi, selon nous et à notre point de vue, nous le croyons et le disons dans toute la sincérité de notre âme, plein de satisfaction de notre erreur, si nous nous trompons, que devrait se formuler la proposition, et qu'au lieu de la menace qui pèse sur l'Europe, il peut appartenir à cette époque de voir prendre une décision, et se formuler un contrat, dont le souvenir, comme celui de leurs auteurs, devra se perpétuer jusqu'aux dernières limites du temps.

Et pourquoi ne ferait-on pas assister les peuples eux-mêmes à cette solennité !

IV

Est-il bien nécessaire maintenant de s'appesantir beaucoup sur ce que pourraient être, non pas le résultat, mais les résultats d'une telle solution, dont le premier serait de faire supprimer des moyens coûteux de destruction, et de permettre de faire de ce qu'ils coûtent un usage sans doute plus fécond?

Tout ce qu'on a dit de mieux pour justifier la guerre, c'est qu'elle avait répandu la civilisation. Mais, s'il fallait payer un tel prix la propagation de la civilisation, cela ne deviendrait plus ici nécessaire, les communications étant devenues faciles, et l'activité humaine devant appeler de plus en plus les hommes à se mêler entre eux pour une autre lutte que pour celle des sanglants combats.

Et de quel ordre ne pourrait-elle pas être toute cette autre lutte !

Il ne faudrait pas craindre qu'il n'y eût pas de place pour toutes les activités et toutes les intelligences. Et tandis que dans la paix, autant que possible universelle, l'homme grandirait dans l'industrie qui procure le bien-être et s'élèverait de plus en plus, par les arts et la science, dans la conquête du beau et de l'inconnu, les gouvernements seconderaient tout cet élan, en répandant en particulier, partout, la semence de toutes les connaissances utiles, et par conséquent celle de toutes les vertus.

Mais ce ne serait là autre chose qu'un retour vers l'ordre de choses auquel, dès le principe, l'homme parut être convié pour sa tranquillité comme pour sa gloire, et dont une erreur l'a tant fait dévier. Et réellement, bien réellement, si tout cela pouvait s'accomplir, les rois ne recueilleraient-ils pas autant de tranquillité d'âme, de grandeur et de gloire, à présider au développement d'une telle destinée!...